BEI GRIN MACHT SICH IHR WISSEN BEZAHLT

Bibliografische Information der Deutschen Nationalbibliothek:

Die Deutsche Bibliothek verzeichnet diese Publikation in der Deutschen National-bibliografie; detaillierte bibliografische Daten sind im Internet über http://dnb.d-nb.de/ abrufbar.

Impressum:

Copyright © 2018 GRIN Verlag
Druck und Bindung: Books on Demand GmbH, Norderstedt Germany
ISBN: 9783346147189

Dieses Buch bei GRIN:

https://www.grin.com/document/538638

Anonym

Einführung in Social Media Marketing. Chancen, Risiken und Strategien für Unternehmen

GRIN Verlag

GRIN - Your knowledge has value

Der GRIN Verlag publiziert seit 1998 wissenschaftliche Arbeiten von Studenten, Hochschullehrern und anderen Akademikern als eBook und gedrucktes Buch. Die Verlagswebsite www.grin.com ist die ideale Plattform zur Veröffentlichung von Hausarbeiten, Abschlussarbeiten, wissenschaftlichen Aufsätzen, Dissertationen und Fachbüchern.

Besuchen Sie uns im Internet:

http://www.grin.com/

http://www.facebook.com/grincom

http://www.twitter.com/grin_com

Inhaltsverzeichnis

I.   Abkürzungsverzeichnis

SMM Social Media Marketing

1 Einleitung

1.1 Relevanz des Themas

An dem Begriff Social Media kommt heutzutage keine mehr vorbei. Fast jeder Mensch ist mittlerweile täglich in verschiedenen sozialen Netzwerken aktiv, weshalb die neuen sozialen Medien jeden Tag mehr und mehr zu einem bedeutenden Marketinginstrument für Unternehmen werden.[1]

Weltweit nutzen derzeit rund 3,58 Milliarden Menschen das Internet (Stand: 2017), wobei die Zahl der Internetnutzer bis 2021 laut Schätzungen auf 4,1 Milliarden steigen werden.[2] Aufgrund der Vielfalt von immer mehr werdenden Social Media-Kanälen haben Unternehmen unterschiedliche Möglichkeiten Kunden anzusprechen. Die Plattform Facebook nutzten weltweit im Jahre 2017 etwa 2,13 Milliarden Menschen monatlich, der Mikroblog Twitter hatte im Jahre 2017 etwa 330 Millionen monatlich aktive Nutzer und das soziale Netzwerk Instagram nutzten Anfang 2018 etwa 800 Millionen aktive Nutzer weltweit.[3] In Deutschland wird Facebook von rund 30 Millionen Personen (Stand: Mai 2017) und Twitter von rund 12 Millionen Personen (Stand: 2016) genutzt.[4]

Allein diese Zahlen weisen darauf hin, wie wichtig es für Unternehmen ist, ebenso in den sozialen Medien vertreten zu sein und sich zu präsentieren. Diese aktive und stetig wachsende Nutzung von Social Media haben Unternehmen erkannt und ebenso, dass eine eigene Homepage und E-Mail-Marketingaktionen nicht mehr ausreichend sind. Der Anteil der Unternehmen weltweit, die Facebook nutzen beträgt 94% und die Twitter nutzen beträgt 68%.[5] Um die richtige Plattform für das Unternehmen zu finden, mit welchen Strategien man vorgehen will und welche Ziele man sich überhaupt setzen muss, muss man sich erst einmal mit den Plattformen bekannt machen und sich damit beschäftigen.[6]

Die drei wichtigsten Potenziale des Social Media Marketings sind die Möglichkeiten der Schnelligkeit der Informationsweitergabe, der Datenerhebung und Marktforschung und die enorme Reichweite und Kostenreduktion.[7]

---

[1] Vgl. Falkner, Michael www.werbetipps-blog.com 21.04.2018
[2] Vgl. www.statista.de 21.04.2018
[3] Vgl. www.statista.de 22.05.2018
[4] Vgl. www.statista.de 21.04.2018
[5] Vgl. www.statista.de 21.04.2018
[6] Vgl. www.passion-marketing.de 21.04.2018
[7] Vgl. Weinberg, Tamar 2011, S.4

1.2 Forschungsfrage

Da die Bedeutung von Social Media immer weiter ansteigt, stellt sich die Frage: Ist es sinnvoll für Unternehmen Social Media Netzwerke im Marketing zu nutzen? Welche Chancen und Risiken können dabei entstehen?

1.3 Hypothesen

Wenn ein Unternehmen erfolgreich im Social Media Marketing sein möchte, dann sollte der Einsatz im Voraus strategisch geplant werden.

Wenn ein Unternehmen auf sozialen Netzwerken aktiv wird, dann kann die Kaufentscheidung für das eigene Produkt positiv beeinflusst werden.

1.4 Vorgehensweise

In der vorliegenden Arbeit wird zunächst der Begriff Social Media Marketing definiert und auf dessen Zielsetzung eingegangen.

Daraufhin wird die Bedeutung des Social Media Marketings angesprochen und was es für ein Unternehmen bringt.

Des Weiteren wird erklärt was Social Media Plattformen und soziale Netzwerke überhaupt sind und ebenso sind einige Informationen über die jeweiligen relevanten Netzwerke der Arbeit gegeben.

Als Nächstes wird die Marketing-Strategie erläutert, die für ein Unternehmen eine enorme Bedeutung hat.

Im Anschluss werden die Chancen und Risiken des Social Media Marketings auf Facebook, Instagram und Twitter für Unternehmer behandelt.

Anschließend werden die zentralen Ergebnisse der wissenschaftlichen Arbeit im Fazit resümiert und interpretiert.

Ebenso werden die am Anfang gestellten Hypothesen überprüft und die Forschungsfrage beantwortet.

Zum Schluss wird der Ausblick des Social Media Marketings geschildert.

2 Social Media Marketing

2.1 Begriffserklärung

Um zu verstehen was Social Media Marketing überhaupt ist, sollte man den Ausdruck zunächst einmal gliedern in „Social Media" und in „Marketing".

Die sozialen Medien (Social Media) ermöglichen es durch Internettechnologien miteinander zu kommunizieren, Inhalte auszutauschen und auf persönlich erstellte

Beiträge von Benutzern, die in Form von Text, Bildern, Video oder Audiodateien veröffentlicht werden, zu interagieren.[8]

Das Marketing ist die Ausrichtung eines Unternehmens an den Bedürfnissen des Marktes, beziehungsweise auf die Förderung des Absatzes durch Betreuung der Kunden, Beobachtung und Lenkung des Marktes sowie durch die entsprechende Steuerung der eigenen Produktion.[9]

Social Media Marketing ist eine Form des Marketings, womit man erreichen möchte, dass die eigenen Vermarktungsziele durch die Nutzung sozialer Netzwerke veröffentlicht werden und somit potenzielle Kunden individuell angesprochen werden sollen.[10]

2.2 Zielsetzung

Die wichtigsten Zielsetzungen des Social Media Marketings für Unternehmen sind laut einer Umfrage in Deutschland im Jahr 2014 die Steigerung der Bekanntheit (73,%), eine stärkere Kundenbindung(73,2%), die Verbesserung des Images (71%), ein besserer Zugang zur Zielgruppe (Kunden und potenitelle Kunden) (69,8%) und das Reagieren auf Probleme bzw. die Unzufriedenheit der Kunden (60,7%).[11]

2.3 Was bringt Social Media für ein Unternehmen?

Social Media hilft einem Unternehmen intensive Kundenbeziehungen aufzubauen, sie zu pflegen und zu verstärken und sie nach außen hin transparent zu machen. Wenn Unternehmen oder Marken nicht im Internet aktiv sind, hat dies einen enormen Wettbewerbsvorteil für ein Unternehmen, welches Social Media Marketing betreibt. Ebenso ist es effektiver als das klassische Marketing, da man so ein direktes Feedback der Kunden zulässt und es kostengünstiger ist.[12]

3 Social Media Plattformen

3.1 Begriffserklärung

Eine Social Media Plattform ist eine Website, wo sich Nutzer mit anderen Nutzern vernetzen können, etwas ansehen oder anhören können und sich informieren können.[13]

---

[8] Vgl. Hettler, Uwe 2010, S. 14
[9] Vgl. Kirchgeorg, Manfred www.wirtschaftslexikon.gabler.de 13.04.2018
[10] Vgl. Hetler, Uwe 2010, S. 38
[11] Vgl. www.statista.de 13.04.2018
[12] Vgl. Bannour, Karim-Patrick 2011, S.29
[13] Vgl. www.duden.de 14.04.2018

3.2 Soziales Netzwerk

Ein soziales Netzwerk ist eine Website, auf der man mit anderen Nutzern, die man persönlich kennt oder durch das Internet kennenlernt, kommunizieren kann. Wenn sich zwei oder mehrere Nutzer über ihre Profile vernetzen, entsteht ein Netzwerk. Durch die geteilten Beiträge eines Nutzers, nehmen die anderen Nutzer, die mit der Person vernetzt sind, indirekt an seinem Leben teil, auch wenn sie sich keine privaten Nachrichten zukommen lassen.[14]

Für Unternehmen sind die sozialen Netzwerke sehr gut geeignet um sich zu vermarkten, da sie mit diversen Plugin-Applikationen, Gruppen und Fanseiten die Möglichkeit haben neue Kunden zu finden, mehr über den Kunden und sein Verhalten herauszufinden, die Kundenbeziehungen zu stärken und zu pflegen, Stellenanzeigen online zu setzen und seine Produkte zu werben.[15]Durch die Nutzung sozialer Netzwerke ist die Reichweite und die Sichtbarkeit für Unternehmen viel höher als ohne.[16]

3.2.1 Facebook

Es gibt derzeit viele verschiedene Websites, die man für den Kommunikationsaustausch nutzen kann, doch Facebook ist das weltweit bekannteste, meistgenutztes und größtes soziales Netzwerk.

Das Anlegen einer Facebook-Seite auf welcher sich das Unternehmen den Nutzern präsentiert, nimmt wenig Zeit in Anspruch und ist auch kostenlos. Auf der erstellten Seite können beispielsweise Informationen zu Produkten, Rabattaktionen, Gewinnspielen, Fotos und Videos von Produktionsabläufen oder Verknüpfungen zu der eigenen Homepage geteilt werden. Ebenso können Fragen oder Anliegen der Nutzer beantwortet werden, womit man eine transparente und unkomplizierte Kommunikation zwischen eines Unternehmen und eines Kunden schafft.[17]

Durch das Anklicken des „Gefällt-Mir"-Buttons werden Facebook-Nutzer Fans der Seite und erhalten regelmäßig Benachrichtigungen, wenn die Seite etwas postet.[18]

Neben den kostenfreien Anwendungen bietet Facebook auch Ads an, welche kostenpflichtig sind, jedoch effektiv einsetzbar sind. Ads sind Werbeanzeigen, die mit geringem Aufwand auf eine bestimmte Zielgruppe gerichtet werden.[19]

---

[14] Vgl. Bannour, Karim-Patrick 2011, S.207
[15] Vgl. Zarrella, Dan 2010, S.207
[16] Vgl. Bannour, Karim-Patrick 2011, S.209
[17] Vgl. Mühlenbeck, Franz; Skibicki, Klemens 2010, S.51
[18] Vgl. Dörfel, Lars 2011, S. 36
[19] Vgl. Wiese, Jens www.allfacebook.de 2010

3.2.2 Messung des Erfolges auf Facebook

Um den Erfolg eines Unternehmens mit der Facebook-Seite zu messen, bietet Facebook einen aufschlussreichen Überblick über die Aktivitäten der Fans und anderer Nutzer an. Mit dieser Eigenschaft können sowohl die Anzahl der Seitenabrufe, die Anzahl der Fans, die Anzahl der Klicks auf Anzeigen und „Gefällt Mir"-Angaben eingesehen werden.

3.3 Instagram

Seit dem Jahre 2010 gibt es die Applikation Instagram. Mit der App können Nutzer Fotos und Videos aufnehmen, bearbeiten und hochladen.

Insgesamt hat Instagram seine Popularität der Nutzung von sozialen Netzwerken gewonnen, vor allem durch Facebook und Twitter, da man dort die Beiträge teilen konnte. Außerdem basiert das Konzept von Instagram auf dem Prinzip von Facebook.[20]

Ebenso bietet Instagram Unternehmen die Chance sich als innovativ zu präsentieren. Die Steigerung der Marktbekanntheit, die Imagebeförderung, der Reichweitenaufbau und die Kundenbindung sind die wesentlichen Aspekte, die ein Unternehmen erreichen möchte.[21]

Auf Instagram können sich Unternehmen ganz einfach ein eigenes Profil anlegen und sich präsentieren. Seit Neustem gibt es auch die Einstellung, dass man die Auswahl hat zwischen speziellen Unternehmensprofilen. Diese Unternehmensprofile haben verschiedene Sonderfunktionen. Eine Funktion ist die Möglichkeit einen Link einzufügen, der durch das Anklicken einen Nutzer beispielsweise zur Unternehmenswebsite oder dem eigenen Online-Shop führen kann. Eine weitere Funktion ist die, dass Unternehmen ihre Geschäftsadresse, inklusive Telefonnummer und E-Mail-Adresse angeben können. Durch den „Kontakt"-Button kann man den Kunden einen schnelleren direkten Kontakt ermöglichen.

Eine weitere Möglichkeit ist, dass man ansprechende Bilder veröffentlicht. Man sollte die Bilder authentisch gestalten, dass sie die Neugierde der Abonnenten wecken. Dies kann man durch die Zusatz-Applikationen von Instagram machen. Mit der App „Layout" lassen sich Collagen erstellen, mit den Apps „Boomerang" und „Hyperlapse" kann man Kurzvideos beziehungsweise Bewegtbilder im Zeitraffer erstellen.

Durch das Nutzen von Hashtags, kategorisiert man das gepostete Bild. Wenn Nutzer auf einen Hashtag klicken, werden darunter alle Beiträge angezeigt, die mit diesem

---

[20] Vgl. www.seo-analyse.com
[21] Vgl. www.unternehmer.de

Hashtag versehen wurden. Dadurch kann man die Reichweite eines Bildes enorm erweitern, weshalb man beliebte Hashtags benutzen sollte.[22]

3.3.1 Erfolgsmessung auf Instagram

Seit Neuestem kann man über das Unternehmensprofil Statistiken zu den Abonnenten, zu den Klicks auf den hinterlegten Link und zur Reichweite der Instagram-Inhalte abrufen. Man kann diese Informationen sogar zu einzelnen Beiträge abrufen.[23]

3.4 Micro Blog

Das Microblogging ist eine Form des Blogging, wo die Länge der Statusmeldung auf eine geringe Anzahl von Zeichen begrenzt ist als in einem Blog.[24]

3.4.1 Twitter

Twitter ist der bekannteste, beliebteste und größte Micro-Blog, der im Jahr 2006 von einem Start-up-Unternehmen namens „Odeo" gegründet wurde. Eine Statusmeldung auf Twitter darf nur 140 Zeichen umfassen, ebenso können direkte Inhalte nur verlinkt hochgeladen werden Die Grundidee von Twitter ist seinen Nutzern die Möglichkeit zu geben eine spontane Statusmeldung auf einer öffentlich zugänglichen Website zu veröffentlichen.[25] Da Twitter einfach zu benutzen ist und wenig Zeitaufwand erfordert, hat der Micro-Blog derzeit etwa 330 Millionen weltweit aktive Nutzer.[26]

Viele Unternehmen nutzen Twitter, um Produkt-Informationen an die Kunden weiterzuleiten, weil man somit schnelle zusätzliche Umsätze oder Aufmerksamkeit der Kunden schaffen kann. Zudem können Unternehmen auch Sonderangebote, Veranstaltungen oder Nachrichten bekannt geben.[27]

Auf Twitter ein Profil anzulegen ist unkompliziert und kostenfrei. Nach der Registrierung kann man sofort anderen Profilen folgen und auch umgekehrt. Follower können die geteilten Statusmeldungen lesen und retweeten, also erneut zu veröffentlichen. Durch die Retweets kann der Bekanntheitsgrad des Profils enorm steigen, was für den Erfolg des Unternehmensmarketings eine große Bedeutung hat.[28]

---

[22] Vgl. www.unternehmer.de
[23] Vgl. www.unternehmer.de
[24] Vgl. Zarrella, Dan 2010, S. 39
[25] Vgl. Bannour, Karim-Patrick 2011, S.176/177; Zarrella, Dan 2010, S.41.
[26] Vgl. www.statista.de 14.04.2018
[27] Vgl. Zarrella, Dan 2010, S.39
[28] Vgl. Mühlenbeck, Franz; Skibicki, Klemens 2010, S.69

Auch Twitter bietet eine kostenpflichtige Möglichkeit, um Kunden gezielter anzusprechen. Die Ads auf Twitter bieten einem Profil den Vorteil, direkt auf die Startseite der Nutzer, dessen Interessen sich mit dem des Unternehmens ähneln, platziert zu werden.

3.4.2 Messung des Erfolges auf Twitter

Um den Erfolg auf Twitter zu messen, muss man sich eigentlich nur die Anzahl der Follower, der Tweets und Retweets angucken. Je höher diese Anzahlen sind, desto höher ist der Bekanntheitsgrad des Unternehmens.[29]

3.5 Social Media Strategie

Eine passende Strategie für die Social Media-Aktivitäten des Unternehmens zu finden, ist eine sehr wichtige Aufgabe für den Social Media Manager. Deshalb muss er eine gut durchdachte Strategie auswählen, die zu dem Unternehmen passt. Es gibt unterschiedliche Modelle, jedoch basieren fast alle auf den selben Schritten.

Der erste Schritt ist es, die Unternehmensziele zu definieren. Man sollte sich bewusst sein, welche Ziele man mit SMM überhaupt erreichen möchte und ebenso sollte man die Ziele mit messbaren Kennziffern gleichsetzen, um den Fortschritt zu überwachen.

Als zweiten Schritt sollte man die Zielgruppen eines Unternehmens festsetzen. Je nach Zielgruppe gestaltet man die Beiträge, da man sich an die Interessen der Zielgruppe anpassen muss.

In Schritt drei sollte man ermitteln, welche sozialen Netzwerke wichtig sind, um die Voraussetzungen in Schritt eins und zwei zu erreichen.

Der vierte Punkt ist es einen Themenschwerpunkt zu setzen. Hier ist es wichtig die Kommunikation nah am eigenen Produkt zu gestalten, aber man sollte auch auf die Bedürfnisse der Zielgruppe eingehen.

Zuletzt wird die Themenplanung aufgesetzt. Dies bedeutet, dass ein Unternehmen die Beiträge immer im Vorfeld planen sollte, um ständige Improvisation zu vermeiden.[30]

---

[29] Vgl. Hilker, Claudia 2010, S.38
[30] Vgl. Weck, Andreas www.t3n.de 19.04.2018

3.5.1 Influencer Marketing

Einer der zurzeit beliebtesten und erfolgreichsten Strategien ist das sogenannte Influencer Marketing.

Influencer sind Personen, die in sozialen Netzwerken als vertrauenswürdig und themenkompetent wahrgenommen werden und über Marken berichten oder Produkte präsentieren. Als Influencer werden Personen bezeichnet, die mindestens 10.000 Abonnenten aufweisen.[31] Sie werden auch als Meinungsführer bezeichnet, da auf deren Meinung im Netzwerk einen großen Wert gelegt wird, sodass sie die (Kauf-)Entscheidungen der Community beeinflussen können.

Beim Influencer Marketing werden Meinungsmacher mit einer reichweitenstarken Community für Marketing- und Kommunikationszwecke eingesetzt, um die Markenbotschaft glaubwürdig an die Zielgruppe rüberzubringen.

Hauptsächlich geht es darum, Marken- oder Produktfürsprecher zu gewinnen, die als Experten auf bestimmten Themengebieten gefragt sind. Dadurch können sie die Bewertung von Produkten oder Marken stark beeinflussen. Ein wichtiger Pluspunkt ist der, dass ein Unternehmen durch den Influencer die exakte Zielgruppe ansprechen kann, da man im Voraus die Abonnenten der Influencer sich angucken kann und schauen, ob die zu der Marke oder zu dem Produkt passen.[32]

Um den passenden Influencer zu finden, hat man verschiedene Möglichkeiten als Unternehmer. Entweder man sucht im Web Hashtags, die zu der eigenen Marke passen oder das Unternehmen entwickelt eine eigene andere Strategie, wie zum Beispiel eine Anzeige, dass man auf der Suche nach Influencer ist.[33]

4 Chancen und Risiken für Unternehmen

4.1 Chancen des Social Media Marketings

Das Social Media Marketing ist eine sehr gute Ergänzung für Unternehmer. Durch das „Zuhören" der Kunden auf sozialen Netzwerken kann man die Kundenwünsche und Probleme besser verstehen und lösen.

Ein weiterer Vorteil ist, dass man einen Überblick über die Märkte, Kunden und Mitbewerber hat. Ebenso hat man eine weltweite Verbreitung, eine hohe Aktualität und eine Schnelligkeit von Informationen mit relativ geringem finanziellem und zeitlichem Aufwand.

Die Nutzer der sozialen Netzwerke haben auch eine verstärkte Wahrnehmung von Marken, Unternehmen, Personen und Produkten, durch die in die Social Media

---

[31] Vgl. www.blog.gls.de
[32] Vgl. www.onlinemarketing.de
[33] Vgl. www.zusatzverdienst.de

eingebundenen interaktiven Elemente. Dies steigert gleichzeitig die Aufmerksamkeit und das Interesse der Nutzer an dem Unternehmen, da man es durch unkomplizierte Weise einfacher kennenlernen kann.

Außerdem können Unternehmen durch fachliche Beiträge als Experten eingestuft werden.

Im Gegensatz zu dem klassischen Marketing besteht hier die Möglichkeit eines Feedbacks. Die Nutzer können Unzufriedenheit und Kritik einfacher äußern, doch genauso Anregungen und Verbesserungsvorschläge. Zudem kriegen die Kunden das Gefühl in die Mitgestaltung der Produkte miteinbezogen zu sein.

Da viele junge Leute auf sozialen Netzwerken aktiv sind, haben Unternehmen neue Potenziale zur Gewinnung von neuen Mitarbeitern, vor allem jüngere.[34]

4.2 Risiken des Social Media Marketings

Es gibt auch Risiken bei dem Einsatz von Social Media im Marketing. Unternehmer haben Angst, dass die Nutzer teil an der Produktgestaltung haben und somit die Kontrolle über ihre Marktführung verlieren.

Zudem werden Unternehmen von Zielkunden, Produkt und Branche abhängig.

Ein weiteres Risiko ist die Möglichkeit der Vermittlung von Falsch-Informationen, so wie negative Bewertungen oder Kommentare von Nutzern, die das Unternehmen schlecht darstellen. Dies kann zu Kontrollverlust führen und dem Image wird geschadet. Unvorteilhaft ist es, dass klassische Werbung oftmals als Spam wahrgenommen wird. Deshalb müssen Unternehmen aufpassen, wie oft sie etwas posten.

Zudem kann man eine Nachricht, die einmal im Netz gelandet ist, nicht mehr komplett zurückziehen.

Ein zusätzlicher Nachteil ist, dass es keine eindeutige Messung von Erfolgen gibt.[35]

---

[34] Vgl. Hilker, Claudia 2010, S.24
[35] Vgl. Hilker, Claudia 2010, S.24

5 Fazit

5.1 Zusammenfassung der wichtigsten Ergebnisse

Social Media Marketing ist ein erfolgreiches Marketinginstrument, dass sich immer weiter ausbreitet. Der Grund dafür ist, dass Social Media immer einen höheren Stellenwert im Leben der Menschen bekommen hat.

Es gibt verschiedene Strategien, die man nutzen kann, um SMM zu betreiben und zu erst sollte man herausfinden, welche zu seinem Unternehmen passt.

Für kleine Unternehmen ist das soziale Netzwerk eine sehr gute Möglichkeit, groß rauszukommen oder generell schneller und einfacher einen Bekanntheitsgrad zu kriegen.

SMM muss aber genau geplant werden, um einigen Risiken zu entgehen und damit man die entsprechende Zielgruppe besser und konkreter ansprechen kann.

Die steigenden Zuwachsraten der Social Media Communities zeigen ebenso, dass das Interesse der Menschen für die sozialen Netzwerke immer steigt. Aufgrund dessen sind die weltweit größten Social Networks Facebook, Instagram und der Micro-Blog Twitter zu wichtigen Marketingkanälen für Unternehmen geworden.

5.2 Beantwortung der Forschungsfrage

Da Social Media für fast alle Menschen zum Alltag dazu gehört, ist es sehr sinnvoll für Unternehmen die sozialen Medien für ihr Unternehmen zu nutzen. Im Internet ist man der eigenen Zielgruppe viel näher als sonst und die Produkte kann man besser rüberbringen.

Ebenso kann man sämtliche Kosten durch das SMM sparen, da man auf Flyer etc. verzichten kann und gleichzeitig eine breite Masse erreichen kann.

Auf den Plattformen kann ein Unternehmen sich schneller und direkt mit den Kunden in Verbindung setzen und sich austauschen. Generell pflegt man die persönlichen Beziehungen besser und einfacher als bei dem klassischen Marketing.

SMM ist ein sinnvolles Instrument für Unternehmen. Natürlich gibt es auch negative Aspekte, die durch das SMM entstehen können, jedoch überwiegen die Vorteile viel mehr.

5.3 Beantwortung der Hypothesen

Die erste Hypothese, die ich aufgestellt habe, kann ich bestätigen, denn wenn ein Unternehmen keine gut durchdachte Strategie hat und einfach planlos Beiträge teilen oder das Unternehmensprofil nicht gut einrichten, kann es schnell zu negativen Bewertungen kommen. Deshalb sollte man immer eine Strategie im Voraus planen und sich gut informieren und eventuell ein Team im Unternehmen zusammenstellen, das sich um den Bereich SMM kümmert und Erfahrung hat.

Die zweite Hypothese, die ich aufgestellt habe, kann ich nur teilweise bestätigen. Der Grund dafür ist, dass die Kaufentscheidung positiv und negativ beeinflusst werden kann. Dies kommt auf die Vermarktung des Produktes auf dem Unternehmensprofil an oder auf die Strategie, die das Unternehmen verwendet. Die Kaufentscheidung kann positiv und negativ beeinflusst werden, wenn ein Unternehmen auf sozialen Netzwerken aktiv wird.

5.4 Ausblick

Da das Internet immer populärer wird, wird es in den nächsten Jahren genauso sein, die Nutzung wird sogar noch steigen und das SMM wird wachsen. Außerdem möchte jedes Unternehmen einen langfristigen Erfolg und den kann man mit dem SMM erreichen.

Jedoch bedeutet dies nicht aber, dass die klassischen Marketingstrategien nicht genutzt werden, sondern eben nicht mehr so stark wie früher.

Dieser Trend wird in den nächsten Jahren kontinuierlich weiterwachsen und es somit auch immer wichtiger wird, sich damit auseinander zu setzen.

5.5 Eigene Einschätzung

Aus dieser Arbeit ziehe ich für mich persönlich den Schluss, dass es sich lohnt, in den sozialen Medien sein Unternehmen zu präsentieren.

Wenn ein Unternehmen nicht auf den sozialen Netzwerken aktiv ist, kann man eventuell mit den Konkurrenten auch nicht mithalten, da diese eine größere Reichweite und einen größeren Bekanntheitsgrad bekommen.

Deshalb ist es sehr wichtig sich erstmal gut mit den sozialen Netzwerken auseinander zu setzen und sich passende und gut durchdachte Strategien auszuwählen, denn wenn man ohne das gewisse Know-how sich in das Internet stürzt, können negative Bewertungen fallen.

Am besten sollte man in einem Unternehmen ein Team zusammenstellen, die sich um die SMM-Angelegenheiten kümmert und alles im Überblick hat.

Literaturverzeichnis

Anne Grabs, K.-P. B. (2011). *Follow me! Erfolgreiches Social Media Marketing.* Bonn: Galileo Computing.

Bibliographisches Institut GmbH. (kein Datum). Abgerufen am 14. April 2018 von https://duden.de/rechtschreibung/Internetplattform

Deger. (2. Juli 2017). *Zusatzverdienst.de.* Abgerufen am 22. Mai 2018 von genau das Richtige für dich!: https://www.zusatzverdienst.de/angebot/influencer-marketing-meinungsmacher-der-zukunft/

Döffel, L., & Schulz, T. (2011). *Social Media in der Unternehmenskommunikation.* Berlin: scm c/o prismus communications GmbH.

Falkner, M. (3. Oktober 2016). *Forsthaus-Falkner Web-Services.* Abgerufen am 21. April 2018 von www.werbetipps-blog.com/die-bedeutung-von-social-media-marketing-fuer-moderne-unternehmen/

Grabs, A., & Bannour, K.-P. (2013). Erfolgreiches Social Media Marketing- Konzepte, Maßnahmen und Praxisbeispiele. Hamburg, Kiel: Springer Gabler.

Graener, M. C. (3. April 2018). *Das Blog-GLS Bank.* Abgerufen am 20. Mai 2018 von https://blog.gls.de/bildung/influencer-relevanz-kennzeichnung/

Hettler, U. (2010). Social Media Marketing- Marketing mit Blogs, Sozialen Netzwerken und weiteren Anwendungen des Web 2.0. München: Oldenbourg Verlag München.

Hilker, C. (2010). Social Media für Unternehmer- Wie man Xing, Twitter, YouTube und Co. erfolgreich im Business einsetzt. Wien: Linde international .

Kirchgeorg, M. (15. Februar 2018). *Springer Fachmedien Wiesbaden GmbH.* Abgerufen am 13. April 2018 von https://wirtschaftslexikon.gabler.de/definition/marketing-39435/version-262843

Mühlenbeck, F., & Skibicki, K. (2010). Die TOP100 Strategie für Social Media Marketing- 100 Praxis-Tipps zur Positionierung Ihrer Marke und zum Verkauf Ihrer Produkte mit Facebook, YouTube, Twitter & Co. (Bd. 3). Köln: Books on Demand GmbH, Norderstedt.

PM Passion Marketing GmbH. (30. Juli 2016). Abgerufen am 21. April 2018 von https://www.passion-marketing.de/2016/07/30/die-wichtigkeit-von-social-media-fuer-unternehmen/

SEO-Analyse. (kein Datum). Abgerufen am 30. Mai 2018 von https://www.seo-analyse.com/seo-lexikon/n/neukundengewinnung/

Statista GmbH. (2017). Von https://de.statista.com/statistik/daten/studie/37545/umfrage/anzahl-der-aktiven-nutzer-von-facebook/ abgerufen

Statista GmbH. (2017). Von https://de.statista.com/themen/99/twitter/ abgerufen

Statista GmbH. (2017). Abgerufen am 21. April 2018 von
https://de.statista.com/themen/42/internet/

Statista GmbH. (2017). Abgerufen am 21. April 2018 von
https://de.statista.com/themen/2124/social-media-in-unternehmen/

Statista GmbH. (2017). Abgerufen am 21. April 2018 von
https://de.statista.com/statistik/daten/studie/37545/umfrage/anzahl-der-aktiven-nutzer-von-facebook/

Statista GmbH. (2017). Abgerufen am 21. April 2018 von
https://de.statista.com/statistik/daten/studie/71251/umfrage/einsatz-von-social-media-durch-unternehmen/

Statista GmbH. (2018). Abgerufen am 21. April 2018 von
https://de.statista.com/statistik/daten/studie/232401/umfrage/monatlich-aktive-nutzer-von-twitter-weltweit-zeitreihe/

Statista GmbH. (2018). Abgerufen am 13. April 2018 von
https://de.statista.com/statistik/daten/studie/185531/umfrage/ziele-von-unternehmen-in-deutschland-bei-social-media-aktivitaten/

Statista GmbH. (Januar 20198). Abgerufen am 22. 05 2018 von
https://de.statista.com/statistik/daten/studie/181062/umfrage/die-weltweit-groessten-social-networks-nach-anzahl-der-user/

Weck, A. (2013). *yeebase media GmbH.* Abgerufen am 19. April 2018 von
https://t3n.de/news/social-media-strategie-muster-504445/amp/

Weinberg, T. (2011). Social Media Marketing: Strategien für Twitter, Facebook & Co.
Köln: O'REILLY.

Wenzel, B. (25. Oktober 2016). *unternehmer.de.* Abgerufen am 22. Mai 2018 von
Einfach mehr WISSEN: https://www.unternehmer.de/marketing-vertrieb/187195-instagram-kundengewinnung-tipps

Wenzel, B. (16. Januar 2017). *ONLINEMARKETING.DE.* Abgerufen am 9. Juni 2018
von https://onlinemarketing.de/news/vom-hype-zum-fixpunkt-die-zukunft-des-influencer-marketings

Wiese, J. (2010). *Rising Media Ltd.* Abgerufen am 19. April 2018 von
https://allfacebook.de/ads/facebook-engagement-ads

Zarrella, D. (2010). *Das Social Media Marketing Buch.* (K. Heidl, Übers.) Köln:
O'REILLY.